O Evangelho no Lar

Onde, Como e Por que

BSA, 30 ABR 17

O Evangelho no Lar

Onde, Como e Por que

Mundo Maior Editora e Distribuidora
FUNDAÇÃO ESPÍRITA ANDRÉ LUIZ
DESPERTANDO CONHECIMENTO

Mundo Maior Editora
Fundação Espírita André Luiz

Diretoria Editorial: Onofre Astinfero Baptista
Editor: Antonio Ribeiro Guimarães
Assistente Editorial: Marta Moro
Capa e diagramação: Helen Winkler
Organizadores: José Antonio Lombardo e Maria Angela Malatesta

Rua São Gabriel, 364 térreo
Guarulhos/SP - CEP 07056-090
Tel.: (11) 4964-4700

www.mundomaior.com.br
e-mail: editorial@editoramundomaior.com.br

Dados Internacionais de Catalogação na Publicação (CIP)
(Câmara Brasileira do Livro, SP, Brasil)

O Evangelho no lar : onde, como e por que /
Conselho Doutrinário, Centro Espírita Nosso Lar
Casas André Luiz ; [organizadores José Antonio
Lombardo e Maria Angela Malatesta]. -- 3. ed. --
São Paulo : Mundo Maior Editora, 2014.

Bibliografia

1. Espiritismo I. Centro Espírita Nosso lar
Casas André Luiz. Conselho Doutrinário.
II. Lombardo, José Antonio. III. Malatesta,
Maria Angela.

13-12522 CDD-133.9

Índices para catálogo sistemático:

1. Evangelho no lar : Doutrina espírita 133.9

Sumário

Apresentação

Disse Jesus: *"Porque onde estiverem dois ou três reunidos em meu nome, ali estarei no meio deles"*. (Mateus, XVIII:20)

Essa frase do Mestre é repetida pelos séculos. Ela é forte inspiração para que efetuemos o Evangelho no Lar.

Em muitos lares brasileiros, as pessoas que vivem sob o mesmo teto já realizam este estudo, recebendo os benefícios do esclarecimento que a luz do Evangelho oferece. Entretanto, outras famílias ainda permanecem carentes do conhecimento espiritual.

Muitas vezes, na casa de Simão Pedro, o Cristo falou sobre as Escrituras, esclarecendo os familiares do Apóstolo e todos os que ali se encontravam. Sequiosos, eles ouviam a palavra edificante de Jesus, que os convidava ao diálogo amoroso, despertando-lhes o desejo de aprender.

A civilização atual, um tanto aturdida pela rapidez tecnológica e às vezes esquecida da conduta moral, está necessitando de um acompanhamento seguro que norteie sua conduta. O momento é oportuno para relembrar os encontros ocorridos com Jesus e os Apóstolos.

Vamos então, convidar o Amigo Celeste a adentar o nosso lar, assim como o fez na casa de Simão Pedro. Para que isso ocorra não existe fórmula melhor do que realizar o Evangelho no Lar.

Reviver os encontros de Jesus, que considerava o berço doméstico como verdadeira escola de almas. Escolhendo um dia na semana, com horário determinado, a família se reunirá de forma natural e simples, sem necessidade de qualquer aparato, mas com o coração aberto para penetrar os ensinamentos do Mestre, fazendo germinar a Semente Divina que há no íntimo de cada um.

Durante muitos anos, o Centro Espírita Nosso Lar Casas André Luiz, em São Paulo/SP, vem desenvolvendo um trabalho dirigido, orientando as pessoas quanto aos cuidados para a realização do Evangelho no Lar.

Além das orientações específicas individuais de como proceder, periodicamente, nas Reuniões Públicas, são explanadas o tema e elucidadas as principais dúvidas.

O Conselho Doutrinário dessa Instituição, por algum tempo, coletou e relacionou as principais dificuldades de entendimento apontadas pelo público. São questões aparentemente elementares, mas que apontam para os cuidados e o desenvolvimento dessa atividade no lar, sem crendices, da mais pura forma como ensinou Jesus.

A Mundo Maior Editora entrega ao público, nesta obra, as principais dúvidas catalogadas, analisadas e respondidas dentro do que recomenda a Doutrina Espírita.

Com isso, pretende levar esclarecimento a um maior número de pessoas e almeja que essa prática seja estimulada e disseminada.

Os organizadores

Primeira Parte

"Quando o Evangelho penetra o Lar,
o coração abre mais facilmente a porta
ao Mestre Divino."

Emmanuel
Do livro *Jesus no Lar,* na psicografia de Chico Xavier.

1. A importância do Evangelho no Lar

O Evangelho no Lar não é uma reunião eminentemente espírita. Adeptos de qualquer religião podem e devem realizá-lo, pois se fundamenta na Boa Nova de Jesus, cuja linguagem de amor e sabedoria é universal.

Possibilita atender as orientações do Divino Mestre, porquanto se destina ao estudo dos Evangelhos, a fim de melhor compreender os seus ensinos e praticá-los.

Permite um momento de comunhão de ideias e sentimentos entre os familiares e Jesus, objetivando a conquista da harmonia na família e um ambiente de paz, propício à elevação espiritual.

É uma reunião importante e não se pode deixar que a preguiça e as preocupações diárias absorvam de tal modo que não sobrem alguns minutos, uma vez por semana, para o estudo dos ensinamentos morais do Bom Pastor.

Nos lares onde há disciplina, equilíbrio, esforço e amor ao Cristo, a Espiritualidade Superior utiliza essa reunião como instante de socorro aos Espíritos sofredores; como grupo de estudos e de comunhão com as entidades que nos amparam e assistem no dia a dia".

Do livro *Um desafio chamado família* – item 34 –
Realizando o Culto Cristão no Lar,
de Joamar Zandini Nazareth.

Realizar o Evangelho no Lar é:

- auxiliar a cristianizar a família e consequentemente a sociedade;
- solidificar no lar a união, a vivência, a paz e a tranquilidade, porque são momentos esclarecedores que ensinam à família a importância desses valores;
- estabelecer conversas sobre as questões que afetam a rotina da família, ensinando como suportar e superar as dificuldades;
- compreender os ensinamentos morais de Jesus, espalhando-os em nosso lar e em nossos corações, cultivando em cada alma o hábito salutar de reuniões em família, unindo sempre mais os participantes da luta doméstica;
- possibilitar maiores conquistas morais e espirituais;
- conseguir mais facilmente a nossa reforma íntima;

- expurgar as crendices e as superstições que ainda nos acompanham e que tanto têm prejudicado.

"O culto do Evangelho no Lar aperfeiçoa o homem.

O homem aperfeiçoado ilumina a família.

A família iluminada melhora a comunidade.

A comunidade melhorada eleva a nação.

(...) Do Evangelho no Lar depende o aprimoramento do homem.

Do homem edificado em Jesus Cristo depende a melhoria e a redenção do mundo."

Emmanuel – *Nosso Livro* – lição "Jesus no Lar" psicografia de Chico Xavier.

O Evangelho no Lar visa à renovação de cada um e consequentemente da Terra.

Batuíra diz que "o Culto Evangélico no Lar, pelo menos uma vez por semana, será uma fonte de alegria e bênçãos. Renovando o contato com os ensinamentos de Jesus, tanto quanto nos seja possível, não somente o lar que nos acolhe se transformará em celeiro de compreensão e solidariedade, mas também a própria vida se nos fará luminoso caminho de ascensão à felicidade real."

Do livro *Evangelho no Lar – à luz do Espiritismo*, de Maria T. Compri.

"Quando uma família ora em casa, reunida nas blandícias do Evangelho, toda a rua recebe o benefício da comunhão com o Alto.

Se alguém, num edifício de apartamentos, alça aos Céus a prece da comunhão em família, todo o edifício se beneficia, qual lâmpada ignorada, acesa na ventania."

Joanna de Ângelis – *S.O.S Família* – item "Jesus Contigo", na psicografia de Divaldo Pereira Franco.

"Como metodologia de educação familiar, o estudo do Evangelho de Jesus no lar, constitui significativo recurso que contribui para o equilíbrio de todos os membros da família. (...)

"Esse hábito serve como elo entre todos que aprendem a respeitar-se e a discutir os problemas comuns, sem altercações coléricas. (...)

"Se, além do encontro natural, for adicionada uma atividade espiritual inspirada no Evangelho de Jesus, muito mais saudável redundará a reunião, porque facultará renovação mental e emocional, diante da leitura dos textos, especialmente comentados pelos espíritos e por Allan Kardec, ensejando mais ampla compreensão dos fenômenos existenciais e das finalidades da reencarnação.

"Não se trata de um culto religioso, formal, desinteressante e monótono. Mas de uma vivência rica de alegria e de aprendizagem, na qual todos tomam parte, cada qual contribuindo com uma quota de si mesmo: arrumando a mesa, dispondo os livros que serão consultados, formulando a oração, colocando o vasilhame com água, fazendo a leitura do texto assinalado ou sorteado, encarregando-se dos comentários, dedicando-se às vibrações orais, magnetizando a água e encerrando-a.

"(...) Sem o caráter de um dever repetitivo e desagradável, deve tornar-se parte do programa de educação emocional e estrutural do grupo familiar.

"Nesses momentos, os espíritos nobres acercam-se da família, contribuindo com a sua inspiração, ajuda específica, intercâmbio de energias, dispondo de maior facilidade para melhor guiar aqueles que se dispõem a receber-lhes o concurso (...)

"Certamente, uma noite por semana, todos podem oferecer ao processo de autoiluminação, tendo em vista que não se trata de várias horas, mas de um período, relativamente breve, de meia hora mais ou menos. Seria ideal que, nessa ocasião, após a atividade, todos permanecessem no lar, evitando o tumulto dos outros momentos, e aproveitando as dúlcidas vibrações para refazer-se, renovar-se, reflexionar em torno da existência preciosa, adquirindo forças para os enfrentamentos inevitáveis (...)"

Joanna de Ângelis – *Constelação Familiar* – "Presença do Evangelho no Lar" – psicografia de Divaldo Pereira Franco.

2. O Evangelho Segundo o Espiritismo

É o Novo Testamento em sua parte moral. Cada capítulo do livro inicia com citações dos evangelistas, depois há a explicação de Allan Kardec e mais as Instruções dos Espíritos abnegados amigos do Mestre, que por intermédio dos médiuns, dão continuidade à causa do Cristo na Terra, como Fénelon, São Luiz, Elizabeth, Erasto, o Espírito de Verdade, e tantos outros.

Emmanuel disse: *"O Velho Testamento é o apelo dos homens a Deus, o alicerce da Revelação Divina. O Novo Testamento é a resposta de Deus aos homens, e o Espiritismo é o diálogo. Neste diálogo fraterno, entre os dois Planos da vida, assenta-se a Doutrina Espírita, para ser dado o recado de Jesus em sua fidelidade.(...)*

"O Evangelho Segundo o Espiritismo *transmite à Humanidade que a morte não existe, que a felicidade ainda não é deste mundo; que dor, sofrimento e decadência material não são castigos de Deus, mas um mecanismo normal das Leis Naturais que são tão perfeitas como perfeito é Deus. Ensina também que, na Casa do Pai, há muitas moradas (...); que, Fora da Caridade não há salvação; que nascer, viver, morrer e nascer de novo é apenas um processo mecânico da Natureza; que as aflições tem sua causa na vida presente ou das existências anteriores.*

Ao estudá-lo adquire-se uma fé racional que não consiste em acreditar, mas em discernir, em ter bom ânimo e disposição firme para enfrentarmos a luta diária, recebendo de Jesus a orientação necessária, para que a tempestade que nos assola seja amainada, fazendo com que o Mestre esteja sempre atuante e vivo dentro de nós".

Do livro *Evangelho no Lar – à luz do Espiritismo*,
de Maria T. Compri.

3. O Lar

"O lar é o sagrado vértice onde o homem e a mulher se encontram para o entendimento indispensável."

André Luiz – *Nosso Lar*, item "Noções de Lar"
na psicografia de Chico Xavier.

O Lar é a célula básica da sociedade e o Espiritismo nos esclarece sobre a importância do núcleo familiar no processo renovador da Humanidade.

Atualmente, na fase de aferição de valores morais por que passa a Humanidade, a família não está em extinção, mas passando por uma nova transformação.

Onde os pais podem encontrar apoio para enfrentar a tempestade moral que assola o lar, na atualidade?

Jesus é o Mestre a nos mostrar o caminho da vitória espiritual.

O Evangelho é o roteiro de iluminação das almas.

O Espiritismo é a revivescência do Evangelho, com a missão de transformar a Humanidade para a Nova Era.

"A melhor escola ainda é o lar, onde a criatura deve receber as bases do sentimento e do caráter."

Emmanuel – *O Consolador* – questão 110 – na psicografia de Chico Xavier.

Sobre o melhor método de educação, Joanna de Ângelis nos esclarece:

"Além do ensino puro e simples dos valores pedagógicos, a educação deve esclarecer os benefícios que resultam da aprendizagem, da fixação dos seus implementos culturais, morais e espirituais. Por isso, e sobretudo, a tarefa da educação há que ser moralizadora, a fim de promover o homem não apenas no meio social, antes preparando-o para a sociedade essencial, que é aquela preexistente ao berço donde ele veio e sobrevivente ao túmulo para onde se dirige.

Nesse sentido, o Evangelho é, quiçá, dos mais respeitáveis repositórios metodológicos de educação e da maior expressão de filosofia educacional. Não se limitando os seus ensinos a um breve período da vida e sim prevendo-lhe a totalidade, propõe uma dieta comportamental sem os pieguismos nem os rigores exagerados que defluem do próprio conteúdo do ensino".

Joanna de Ângelis – *S.O.S. Família* – "Necessidade de Evolução – Educação Fonte de Bênçãos, na psicografia de Divaldo Pereira Franco.

O lar na Terra é o núcleo de trabalho e aprendizado onde se encontram as almas que conviverão, buscando superar problemas, engrandecer afeições, reconciliar-se com adversários e instalar clima de fraternidade nos corações.

A aflição na equipe familiar reporta-se aos desafetos antigos, como nos ensina Joanna de Ângelis, em página intitulada "Almas-problemas".

"Criaturas-problemas que estão ao nosso lado, seja na parentela corporal (consanguinidade), ou mediante a espiritual, na grande família humana, não nos são desconhecidos.

"... O filhinho-dificuldade, que te exige doação integral, não se encontra ao teu lado por primeira vez.

"O ancião-renitente, que te parece um pesadelo contínuo, exaurindo-te as forças, não é encontro fortuito na tua marcha...

"O familiar de qualquer vinculação, que tem constitui provação, não é resultado do acaso que te leva a desfrutar da convivência dolorosa.

"Todos eles provêm do teu passado espiritual.

"Eles caíram sim, e ainda se ressentem do tombo moral, estando, hoje, a resgatar injunção penosa. Mas tu também.

"Quando alguém cai, sempre há fatores preponderantes e outros predisponentes, que induzem e levam ao abismo.

"Normalmente oculto, o causador do infortúnio permanece desconhecido do mundo. Não, porém, da consciência, nem das Soberanas Leis.

Renascem em circunstâncias e tempos diferentes, todavia, volvem a encontrar-se, seja na parentela corporal, ou na grande família humana, tornando o caminho das reparações e compensações indispensáveis".

Joanna de Ângelis – *Alerta* –
na psicografia de Divaldo Pereira Franco.

Pelas condições morais de nosso Planeta, a maioria das almas que se reúnem na mesma família são companheiros necessitados de se reajustar no clima de fraternidade, gerando dificuldades no convívio e nas lutas que retomam, na experiência como familiares, mas que são velhos companheiros do passado, aprendendo a vencer divergências ou agravando-as, sob quedas de relaxamento e preguiça.

"Deus permite que, nas famílias, ocorram essas encarnações de Espíritos antipáticos ou estranhos, com o duplo objetivo de servir de prova para uns e, para outros, de meio de progresso."

O Evangelho Segundo o Espiritismo –
capítulo IV – item 19.

"(...) No lar se caldeiam os espíritos em luta diária nas tarefas de reajustamento e sublimação.

"Na família os choques da renovação espiritual criam lampejos de ódios e dissenção, que podes converter em clarões-convites à paz.

"Não percas a oportunidade de semear dentro de casa.

"Apresenta a tua fé aos teus familiares mesmo que eles não queiram escutar.

"Utiliza o tempo, a psicologia da bondade e do otimismo e esparze as luminescências da palavra espírita no reduto doméstico.

"Se te recusarem ensejo, apresenta-o, agindo.

"Se te repudiarem, conduze-o, desculpando.

"Se te ferirem, espalha-o, amando.

"Pelo menos, uma vez por semana, reúne a tua família e felicita-a com o Espiritismo, criando assim, e mantendo, o culto evangélico, para que a diretriz do Mestre seja eficiente rota de amor à sabedoria em tua casa...

"Ali, na oportunidade, ouvidos desencarnados se imantarão aos ouvidos dos teus e escutarão; olhos atentos verão pelos da tua família e se nublarão de pranto; mentes se ligarão as outras mentes e entenderão. Sim, ouvidos, olhos e mentes dos desencarnados que habitam a tua residência se acercarão da mesa de comunhão com o Senhor, recebendo o pão nutriente para os espíritos perturbados através do combustível espírita que não é somente manancial para os homens da Terra, mas igualmente para os que atravessaram os portais do além-túmulo em doloroso estado de sofrimento e ignorância.

"Agradece ao Espiritismo a felicidade que possuís, acendendo-o como chama inapagável no teu lar, para clarear os teus familiares por todos os dias.

"O pão mantém o corpo.

"O agasalho guarda o corpo.

"O medicamento recupera o corpo.

"O dinheiro acompanha o corpo.

"Seja o Espiritismo em ti o corpo do teu espírito emboscado no teu corpo, a caminhar pelo tempo sem fim para a Imortalidade gloriosa.

"E, se desejares felicidade na Terra, incorpora-o ao teu lar, criando um clima de felicidade geral."

Joanna de Ângelis – *S.O.S Família* – "Espiritismo no Lar" – na psicografia de Divaldo Pereira Franco.

E somente neste palco de experiências é que trabalhamos profundamente nossos sentimentos, qualidades, tendências, aspirações. Neste ambiente é que os valores morais e espirituais são desenvolvidos e purificados, pois, por mais lições recebamos pelo "mundo afora", elas não terão a mesma atuação das recebidas no lar, primeira escola do Espírito, porto seguro de onde partimos para enfrentar as lutas, as crises e as alegrias.

Carregamos para o mundo o reflexo daquilo que construímos em nosso relacionamento no lar, sendo ele o manancial e a inspiração de nossas atitudes na sociedade, de nossa personalidade e de nossas metas nas existências.

4. O Evangelho no Lar para crianças

A fase infantil é o período mais importante para a assimilação dos ensinamentos.

"Antes dos 7 anos, o Espírito ainda se encontra em adaptação para a nova existência, sem a integração perfeita entre ele e a matéria orgânica. Não havendo comando total da vontade, seus instintos encontram-se como que amodorrados e suas recordações do Plano Espiritual um tanto vivas, facilitando a renovação do caráter para estabelecer uma vida melhor e um futuro edificante.

"Assim como cuidamos, criteriosamente, do corpo da criança, do estudo, da alimentação, para uma vida salutar, é sensato e prudente oferecer-lhe, no dia a dia, oportunidades para os cuidados da alma em busca da conquista dos valores reais na formação de seu caráter.

"A criança que aprende, desde cedo, a moral cristã torna-se homem consciencioso, respeitador dos direitos do próximo, ajudando-o nas suas dificuldades.

"O Evangelho no Lar para as crianças pode ser feito no padrão normal, no tocante ao método, à disciplina, porém, pode ser enriquecido com literaturas infantis, proporcionando-lhes campo de total liberdade para a conversação e perguntas. Na divisão das tarefas, deixar para a criança a oportunidade de fazer, pelo menos, um item do Roteiro, conforme suas possibilidades.

"A criança só é pequena no corpo, pois o Espírito é eterno, e talvez, mais velho do que nós, mais experientes. Estes Espíritos, na maioria das vezes, vieram para ajudar a Humanidade e precisam da base sólida de lares com ambiente relativamente equilibrado e de costumes pautados no Evangelho do Cristo. Muitos deles irão enfrentar os problemas do terceiro milênio, e alguns, sem dúvida, serão escolhidos para trabalhar pela melhoria do Planeta."

Do livro *Evangelho no Lar à luz do Espiritismo*,
de Maria T. Compri.

Prestemos atenção, no seu dia a dia e analisemos seus comportamentos na escola, no lar, com os amiguinhos, ensinando que o Evangelho deve ser aplicado a todo momento em todas as situações.

Em relação à literatura espírita infantojuvenil, sugerimos algumas obras da Mundo Maior Editora: *Panelinha de Orações; O Evangelho Segundo o Espiritismo para infância e juventude* – vol. I e II; *O Livro dos Espíritos para infância e juventude* – vol. I e II; *O Céu e o Inferno para infância e juventude* – vol. I.

5. As condições para realizar o Evangelho no Lar

Realizar o Evangelho no Lar é, acima de tudo, lição de esforço, perseverança e confiança no Alto.

Deve revestir-se da maior simplicidade, sem uso de qualquer forma exterior, o que daria um cunho de liturgia e de ritual, incompatíveis com o ensino de Jesus e da Doutrina Espírita.

É despojado de qualquer liturgia ou simbologia. Por isso, desaconselha-se o uso de velas, flores, toalhas brancas, defumadores, cujo uso passa a constituir uma cerimônia religiosa, um culto ou um ritual incompatíveis com a pureza do Cristianismo e da Doutrina Espírita.

Com o consenso dos familiares, escolher um dia e horário na semana, em que a família toda puder fazer-

-se presentes. Daí em diante, deverá ser respeitado por todos, com pontualidade, considerando que, em razão de os Espíritos Superiores serem muito ocupados. É necessário, então, reservar aquele período para se fazer presentes.

Somente mudar o dia e hora se for real necessidade e fixar no novo calendário.

A duração ideal dependerá de cada um, mas deve durar, no mínimo de 15 minutos, porque menos que isso seria insuficiente para prece e leituras em nível razoável.

Mais de 45 minutos cansam e ocupam em demasia os integrantes da casa.

A maioria realiza em um tempo de 30 minutos, suficiente para todas as atividades nele inclusas, sem cansar nem causar ansiedade e não cansam tanto a criança.

Não deixar de realizá-lo em função de passeios ou eventos pouco importantes.

Só se deve abrir exceções para fatos de maior relevância (não haveria clima para a reunião em tal situação, como velório de alguém da família).

Quando em viagem, se for possível, realizá-lo onde estiver, no tempo mínimo de 15 minutos.

Se houver crianças pequenas e ficarem agitadas, deixe-as com algum brinquedo pequeno e silencioso, ou um livro que chame a atenção para ficarem em silêncio. Usar de energia se preciso, para que permaneçam em silêncio. Alguns instantes não cansam tanto uma criança e despertará nela o interesse e o gosto pelo ensino de Jesus.

A leitura deverá ser feita com voz clara, moderada e pausada, mesmo que estejamos "sós" (sem nenhum encarnado ao nosso lado), para que os Espíritos (desencarnados) possam participar e receber, também, os ensinamentos de Jesus.

Se o telefone tocar, atender e dizer que estão fazendo o Evangelho e que, após o término, você telefonará para ela, ou, se a pessoa preferir, ligará depois.

Se for a campainha, abrir a porta e dizer a mesma coisa, fazendo o convite para que o visitante entre, e explicar em poucas palavras sobre a reunião, permitindo à visita assistir ao Evangelho sem, no entanto, participar ativamente (a não ser que seja pessoa habituada a fazer o Evangelho em casa).

Não suspender a reunião em virtude de visitas.

As preces, a leitura e as vibrações podem ser feitas em rodízio.

Aos mais experientes, o dever de interpretar e passar o ensino à compreensão de todos, usando histórias, exemplos etc.

As crianças podem participar dentro de sua capacidade (prece, leitura, perguntas).

Se houver mais de um participante à hora do Evangelho, logo de início distribuir as tarefas, ou seja, um faz a prece inicial, outro faz a leitura, todos comentam, outro faz as vibrações e outro a prece final.

Se for uma só pessoa, fará todas as tarefas sozinha (prece, leitura, comentário, vibrações, encerramento e prece).

6. Roteiro

Precedendo a reunião, se todos assim o desejarem, poderão colocar músicas bem leves e sensíveis, com volume baixo e sem vozes (somente instrumental), como preparação e chamando a atenção dos presentes para o início da reunião.

Após a distribuição das tarefas, a reunião se processará da seguinte forma:

Prece inicial: simples, breve, objetiva, de maneira que o coração fale mais alto que as palavras. Preces demoradas desconcentram todos.

Leitura do trecho do Evangelho: lido sempre de forma sequente e metódica.

Proceder à leitura de um item de *O Evangelho Segundo o Espiritismo* em sequência ao lido na reunião anterior. Começando pelo Prefácio, de modo que, com o passar do tempo, todos os capítulos (sem exceção) da referida obra sejam estudados.

Uma segunda leitura de lição do livro doutrinário pode ser feita e enriquece o encontro. Não ler excessivamente, tirando o espaço de comentários que enriquecem.

Se houver criança, é interessante a leitura subsidiária da obra infantil.

Comentar o trecho lido: comentar não é discutir, e sim expor o pensamento de cada um, da maneira como entendeu. Todos podem e devem participar.

Os comentários deverão ser breves e esclarecedores da lição espírita.

Vibrações: com o recolhimento interior, emitir pensamentos e sentimentos elevados em favor dos que sofrem; pela harmonização dos lares desajustados; pelo nosso lar; pelos familiares; pelo Planeta Terra e seus habitantes; pelas Instituições etc.

Prece e Encerramento: as mesmas recomendações feitas para a prece inicial.

O Evangelho no Lar não é uma sessão mediúnica ou de cura. Estas devem ocorrer no Centro Espírita.

Todos devem expor suas dúvidas, temores, dificuldades sentimentais, visão da vida, opiniões, de modo a serem esclarecidos e fortalecidos no ideal cristão, bem como na esperança e vontade para as lutas no ambiente familiar. Debater com franqueza os temas, utilizar-se de assuntos da vida moderna, examinar questões, tornam os diálogos mais agradáveis, alegres e criativos.

É optativo colocar uma jarra d'água sobre a mesa, para ser fluidificada pelos Mentores Espirituais, que o farão de acordo com as nossas necessidades e merecimentos.

Dependendo do teor da vibração e da fé dos familiares, a fluidificação se estende até a caixa d'água do prédio (apartamento) ou da casa.

Fazer o Evangelho no Lar mesmo que sozinho(a). Há famílias nas quais os integrantes não querem participar; o marido ou a esposa não tem religião; os filhos já adolescentes ou adultos criam problemas. Não importa, continue realizando só, no quarto. Mas sempre convide a todos. Mesmo nestas condições, os benefícios se estenderão a todos na casa.

Onde haja uma alma sincera no dever do bem haverá luz e bondade espalhando-se ao seu redor.

7. Água fluidificada

André Luiz no livro *Nosso Lar*, capítulo 10 nos descreve: o "Bosque das Águas", grande reservatório da colônia Nosso Lar, onde foi levado, a fim de conhecer melhor o processo de alimentação no Plano Espiritual. Destacamos as seguintes explicações de Lísias: "(...) Na Terra quase ninguém cogita seriamente de conhecer a importância da água. Em 'Nosso Lar', contudo, outros são os conhecimentos. Nos círculos religiosos do Planeta, ensinam que o Senhor criou as águas. Ora, é lógico que todo serviço criado precisa de energias e braços para ser convenientemente mantido. Nesta cidade espiritual, aprendemos a agradecer ao Pai e aos seus divinos colaboradores semelhante dádiva. Conhecendo-a mais intimamente, sabemos que a água é veículo dos mais poderosos para os fluidos de qualquer natureza. Aqui, ela é empregada, sobretudo, como alimento e remédio.

"(...) O homem é desatento, há muitos séculos – tornou Lísias –, o mar equilibra-lhe a moradia planetária, o elemento aquoso fornece-lhe o corpo físico, a chuva dá-lhe o pão, o rio organiza-lhe a cidade, a presença da água oferece-lhe a bênção do lar e do serviço; entretanto, ele sempre se julga o absoluto dominador do mundo, esquecendo que é filho do Altíssimo, antes de qualquer consideração. Virá tempo, contudo, em que copiará nossos serviços, encarecendo a importância dessa dádiva do Senhor. Compreenderá, então, que a água, como fluido criador, absorve, em cada lar, as características mentais de seus moradores. A água, no mundo, meu amigo, não somente carreia os resíduos dos corpos, mas também as expressões de nossa vida mental. Será nociva nas mãos perversas, útil nas mãos generosas e, quando em movimento, sua corrente não só espalhará bênção de vida, mas constituirá igualmente um veículo da Providência Divina, absorvendo amarguras, ódios e ansiedades dos homens, lavando-lhes a casa material e purificando-lhes a atmosfera íntima".

Por esse motivo, indicamos, no Evangelho no Lar, a água para ser fluidificada de acordo com as necessidades de cada família. Basta colocarmos a jarra d'água sobre a mesa, e os Mentores Espirituais, que estão dando cobertura a essa prática farão a fluidificação.

Toda ajuda do Alto nos é dada por intermédio dos passes espirituais, na hora das vibrações e, mesmo, desde o início do Evangelho, pois, assim que nos sintonizamos com o Plano Maior, já flui para o nosso interior as energias reconfortantes que nos sustentam e equilibram todo o organismo material e espiritual, assim como para a nossa casa. Por isso, dizemos que a prece é o alimento das almas e, por meio dela, fazemos a ligação com Deus.

Em *O Evangelho Segundo o Espiritismo,* capítulo XIX, item I, Mateus narra o diálogo de Jesus com os Seus discípulos, quando eles não puderam expulsar o demônio e curar o doente e Jesus lhes disse: "Por causa da vossa incredulidade. Pois Eu vos digo, em verdade, se tiverdes fé do tamanho de um grão de mostarda, direis a esta montanha: Transporta-te daqui para acolá, e ela se transportará, e nada vos será impossível." (Mateus, XVII:14-20)

8. Influência oculta dos Espíritos sobre os nossos pensamentos e as nossas ações

Allan Kardec, em *O Livro dos Espíritos*, nas questões 459 a 471, por intermédio das respostas dos Espíritos, nos explica que a influência que eles exercem em nossa vida é maior do que supomos, porque com muita frequência são eles que nos dirigem.

Diante das sugestões que nos chegam, devemos reprimir o mal e procurar conservar o equilíbrio e a paz interior em benefício de nós mesmos.

" (...) Em relação à casa em que moramos, muitas vezes, antes de pensarmos em fazer a mudança, já havia Espíritos residindo nela. Às vezes, já se encontravam no local, antes de o local ser construído.

"Esses Espíritos ainda apegados à matéria, sem ideia de vida eterna, vivem nos lares com as famílias, participando de toda a vida normal e diária de casa.

"Outras vezes são Espíritos inconformados, assustados diante da desencarnação, que se apegam à família, fazendo morada no lar que ainda consideram como seu.

"Várias são as formas, pelas quais os Espíritos se instalam em nossa moradia, sem contarmos aqueles que sintonizam com os nossos pensamentos e atitudes.

"As portas de nosso lar estão sempre abertas a estas visitas inesperadas quando não se mudam conosco para a casa.

"Espíritos inferiores a nós, ou mesmo os da nossa condição, não tendo, ainda, capacidade de penetrar os nossos pensamentos, prestam atenção nas nossas palavras e atitudes, avaliando-nos.

"Quando fazemos o Evangelho no Lar, estamos esclarecendo também, estes Irmãos que, por tantos motivos, nos acompanham.

"Quando lemos só com a vista, para nós mesmos, eles não saberão do que se trata e não mudarão suas disposições íntimas. Há de fazer-se a leitura em voz clara, moderada e pausada, mesmo que estejamos "sós", para que os Espíritos possam participar e receber os esclarecimentos.

"Aqueles que não se afinam com a ideia de evangelizar, sairão, sabendo que aquele lar, a partir de então, estará sob a proteção de Espíritos, mensageiros de Jesus.

"Aqueles que ficarem serão nossos companheiros de iluminação e se tornarão amigos e os Espíritos Protetores do Lar estarão nos dando a sustentação necessária à nossa família consanguínea e aos desencarnados que nos acompanham (que poderão ser também parentes próximos e afins desta como de outras vidas) que serão levados para lugares de esclarecimento e refazimento no Plano Espiritual.

"A partir desse instante, no nosso lar só entrarão Espíritos que forem trazidos pelos Mentores da casa, com o objetivo de aprenderem o Evangelho e modificarem suas tendências para melhor."

Do livro *Evangelho no Lar – à luz do Espiritismo*,
de Maria T. Compri.

9. Efeitos do Evangelho no Lar

"O estudo do Evangelho não acaba com a prece final, pois deve-se aprender a meditar nas palavras lidas para que penetrem no coração, na mente e que nossas ações diárias sejam pautadas nos ensinamentos de Jesus.

"O Lar deverá ser o oásis de paz, o templo de amor, onde todos se refaçam das lutas de cada dia e se ajudem fraternalmente, trabalhando por um futuro melhor.

"Sirva constantemente à causa do bem sem desanimar ou estacionar na caminhada."

Do livro *Um desafio chamado família – vol. I*,
de Joamar Zandini Nazareth.

Segunda Parte

Perguntas formuladas pelo público em Reuniões Públicas

I - Orientação de estudo do Evangelho no Lar

1. Já frequento as reuniões públicas há um certo tempo. Noto que alguns temas das palestras são do Evangelho e também recebo ajuda espiritual. Por que ainda tenho de estudá-lo em minha casa?

Resposta: Para dar continuidade ao que viemos buscar no Centro Espírita. O estudo do Evangelho no Lar não é obrigatório e, sim, recomendável, visando à união familiar, harmonização do ambiente e ao encontro fraterno.

2. Leio o Evangelho todo dia. Mesmo assim preciso estudá-lo em casa?

Resposta: Ler não é exatamente estudar. O estudo do Evangelho no Lar tem por objetivo a união dos familiares para que, juntos, leiam, façam comentários e de *O Evangelho Segundo o Espiritismo* na forma sequencial.

3. Qual é o local da casa indicado para fazer o Evangelho?

Resposta: Não há um lugar determinado. Pode-se realizar o Evangelho no Lar em qualquer local da residência que ofereça condições para acomodar todos os participantes de forma confortável.

4. Qual é o objetivo do Evangelho no Lar?

Resposta: A união dos familiares, harmonização e "higienização" do lar e, principalmente, o estudo dos ensinamentos de Jesus para que possamos gradativamente pautar o nosso dia a dia nos princípios cristãos, promovendo a nossa reforma íntima.

5. Qual é o tempo mínimo e máximo para se realizar o Evangelho no Lar?

Resposta: Não se tem um tempo determinado. Apenas não devemos prolongá-lo muito, principalmente quando temos idosos e crianças participando.

6. De que forma deverá ser realizado o estudo do Evangelho no Lar?

Resposta: Começando pela prece e depois a leitura de *O Evangelho Segundo o Espiritismo*. A seguir, os comentários sobre o texto lido e, após, as vibrações e a prece de encerramento. Deve ser realizado uma vez por semana, em dia e horário predeterminado.

7. Por que devo ter um dia e horário fixo semanalmente para realizar o Evangelho no Lar?

Resposta: A programação do estudo é feita para atender às necessidades de todos os familiares, facilitando e promovendo a possibilidade de se reunirem, evitando-se que sejam assumidos outros compromissos nesse dia.

8. Pode-se fazer o Evangelho no Lar mais que uma vez na semana?

Resposta: Se a família quiser pode realizá-lo, mas uma vez por semana é recomendável e satisfatório.

9. Quando um ou mais participantes do Evangelho no Lar chegarem atrasados por motivo justo e com a reunião em andamento, eles poderão participar?

Resposta: Sim, poderão e deverão participar do estudo, porque imprevistos poderão ocorrer e não será esta a razão para deixar de fazer parte, pois o ambiente já foi preparado pela família.

10. Como devemos proceder se no dia e horário não nos for possível realizar o Evangelho no Lar?

Resposta: Devemos realizá-lo no dia seguinte ou o mais breve possível, desde que a maioria possa comparecer, mas a sequência semanal do estudo deverá voltar ao dia e horário usuais.

11. Antes de iniciar a reunião do Evangelho no Lar a pessoa deve se concentrar?

Resposta: Concentrar-se propriamente não.

Devemos harmonizar os pensamentos, deixando de lado os problemas cotidianos e nos empenharmos no estudo.

12. Na prece inicial rezo o *Pai-Nosso*. É válido?

Resposta: Toda oração tem valor quando pronunciada com sentimento. Com o decorrer do tempo, vamos substituindo a prece decorada por palavras espontâneas.

13. Na hora da prece inicial e do encerramento posso utilizar as preces que estão no último capítulo do livro *O Evangelho Segundo o Espiritismo*?

Resposta: As preces contidas no Evangelho são modelos, uma seleção feita entre aquelas ditadas pelos Espíritos. Assim, podemos tê-las como referências, sem necessidade de repeti-las. Devemos, pouco a pouco, fazer uso das nossas próprias palavras, com sentimento e de uma forma espontânea.

14. Pode-se colocar um copo de água sobre a mesa para fluidificar e beber após a reunião do Evangelho no Lar?

Resposta: Fica a critério de cada família. O importante é que não se estabeleça nada de místico. Quando estudamos o Evangelho no Lar, todo ambiente é higienizado e toda água é fluidificada, mas para que isso permaneça no ambiente vai depender de como estamos vivenciando os ensinamentos de Jesus no dia a dia.

15. Ao realizar o Evangelho no Lar é preciso colocar na mesa uma toalha branca?

Resposta: Não. Tanto a toalha como flores, velas e outros objetos são totalmente dispensáveis. O Evangelho no Lar é uma reunião de estudo, e nada de ordem material é importante.

16. É preciso apagar as luzes?

Resposta: O estudo do Evangelho no Lar deve ser realizado com as luzes acesas, pois, do contrário, não conseguiríamos ler *O Evangelho Segundo o Espiritismo*.

17. Na leitura do livro *O Evangelho Segundo o Espiritismo*, devemos seguir metodicamente os

capítulos ou podemos abrir numa página qualquer e fazer a leitura?

Resposta: Devemos fazer uma sequência, evitando-se assim recair no mesmo capítulo.

18. A leitura de *O Evangelho Segundo o Espiritismo* deve ser em voz alta?

Resposta: Preferencialmente. O importante é ouvir as mensagens, refletir e assimilar o que foi lido.

19. Quando terminamos a leitura da última página de *O Evangelho Segundo o Espiritismo*, devemos iniciar novamente?

Resposta: Sim, porque a cada leitura há novos comentários e interpretações, ampliando-se os conhecimentos. O Evangelho, além de ser lido ou estudado, deve ser praticado. Por isso, ele precisa nos acompanhar por toda a vida para aprendermos a ser melhores.

20. Fazemos o Evangelho no Lar há 12 anos e conseguimos estudá-lo quatro vezes. Gostaria de saber se podemos fazer também a leitura de outros livros. Quais? E como estudar?

Resposta: Dividir o tempo do estudo de *O Evangelho Segundo o Espiritismo* no Lar com outras obras de Kardec, como, por exemplo, os livros de André Luiz. Com a leitura, tecer comentários na forma sequencial.

21. Minha família não é Espírita. Podem ser feitos o Evangelho no Lar com a Bíblia? Como comentar?

Resposta: O que se pretende é o estudo de *O Evangelho Segundo o Espiritismo* no Lar. Para fazer o Evangelho no Lar com a Bíblia deve-se dar preferência ao Novo Testamento de Jesus e procurar explicar os textos lidos. Aos poucos se perceberá que a interpretação da Bíblia é muito complexa e a facilidade de compreensão de *O Evangelho Segundo o Espiritismo* é maior porque ele já traz as explicações. O importante é o estudo constante e metódico, em harmonia. Se isto não é viável, recomenda-se que a pessoa faça o estudo do Evangelho sozinha.

22. Durante a reunião do Evangelho no Lar o que fazer quando chega uma visita ou toca o telefone ou a campainha?

Resposta: Se possível, aparelhos e equipamentos sonoros devem ser desligados ou ter uma pessoa destacada para atender e fornecer as informações necessárias. Quando chega uma visita devemos recebê-la muito bem e usando de bom senso, podemos convidá-la para participar do estudo. Se não participar, solicitaremos alguns minutos explicando que estamos encerrando o estudo de *O Evangelho Segundo o Espiritismo.*

23. No dia em que realizamos o Evangelho no

Lar, podemos ter uma vida normal? Podemos fazer sexo antes ou depois?

Resposta: Sim, devemos ter uma vida normal, por isso nada impede o relacionamento sexual neste dia. O estudo do Evangelho no Lar visa também ao aprimoramento do nosso cotidiano e o bom senso deve ser o nosso guia.

24. É errado realizar o Evangelho num lar que teve, naquele dia, muita desarmonia, brigas, as pessoas alterando-se no contato interpessoal?

Resposta: Devemos, independente dessas ocorrências, realizar o Evangelho no Lar. A leitura, as preces e as vibrações ajudarão o restabelecimento da harmonia e o retorno ao equilíbrio das pessoas envolvidas.

25. Às vezes, no dia de realizar o Evangelho no Lar, tenho uma contrariedade grande e fico com ressentimento e rancor com a pessoa e não consigo me concentrar. O que eu faço? Realizo ou não o Evangelho no Lar nesse dia?

Resposta: Em primeiro lugar, devemos exercitar o perdão e nos acalmar. Nada impede a realização do estudo do Evangelho. Ao contrário, a reunião vai propiciar reflexão, ponderação, preces e vibrações fraternas. As lições contidas em *O Evangelho Segundo o Espiritismo* convida-nos para as mudanças de comportamento, por isso devemos insistir até vencer estas dificuldades.

26. Quando estivermos com o coração cheio de rancor, desacreditado de tudo, explodindo de raiva, podemos realizar o Evangelho assim mesmo?

Resposta: É um estado emocional bastante comprometido. O estudo do Evangelho será oportuno para ponderações, reflexões, esforçando-se para que não haja reincidências.

27. No nosso dia a dia podemos ler um trecho do Evangelho e fazer as vibrações, como ocorre durante o Evangelho no Lar que se realiza semanalmente?

Resposta: Sim, só que não consiste no estudo do Evangelho. É apenas uma harmonização diária, não obedece a um horário e é individual.

28. Meus vizinhos não leem o Evangelho no Lar, mas sabem que eu faço e convidaram-me para realizar em sua casa. Devo ir?

Resposta: Nada impede que participe para orientá-los, até que estejam preparados para continuarem sozinhos.

29. Ao sermos convidados a realizar o Evangelho no Lar, como nos preparar a caminho da residência a ser visitada?

Resposta: Com o pensamento elevado, alegre e consciente da responsabilidade.

30. Antes de iniciar o Evangelho no Lar como devemos estar com o nosso pensamento em companhia dos moradores da casa?

Resposta: Nosso pensamento e nossos sentimentos devem ser elevados para que haja harmonia nesse lar.

31. Devemos pedir que sejam desligados a campainha e o telefone?

Resposta: Essa questão deverá ser resolvida pelos moradores de cada lar, dependendo dos seus compromissos e necessidades.

32. Se não forem desligados e tocarem como devemos agir?

Resposta: Como na pergunta anterior, cada lar estabelecerá suas próprias normas.

33. Como abrir o Evangelho? Escolher o tema?

Resposta: O estudo deve ser feito em sequência, iniciando-se pela introdução do livro.

34. Como deve ser a nossa despedida ao nos retirarmos da casa visitada?

Resposta: Normalmente, com muito carinho e amor à família.

35. No lar quando os horários não coincidem,

uns fazem na terça-feira, outros realizam no sábado, é válido?

Resposta: Sim, é válido. O importante do Evangelho no Lar é o estudo em conjunto, em família. Por isso, pode se fazer mais de uma vez por semana, em dias e horários escolhidos de comum acordo e que contemplem todos os interessados.

36. E quando os membros da família não querem participar do Evangelho no Lar?

Resposta: Não deverão ser forçados. O estudo do Evangelho é uma questão de aceitação que precisa ser respeitada.

37. Como conciliar os membros da família que querem com os que não querem participar do Evangelho?

Resposta: Não obtendo o consenso dos familiares, não se deve impor. Iremos, com o tempo, orientando-os a participarem um dia.

38. Quando, na família, alguns de seus componentes frequentam outras religiões, como proceder no estudo do Evangelho no Lar?

Resposta: Participarão do estudo do Evangelho no Lar apenas os que concordarem.

39. Meus irmãos e eu somos todos Espíritas e realizamos o Evangelho no Lar cada um em sua casa. Podemos fazer o Evangelho todos juntos numa só casa? Ora numa, ora noutra?

Resposta: O certo é como estão fazendo, cada um em seu lar.

40. Qual é a melhor forma de fazer o comentário do trecho lido e como refletir?

Resposta: A melhor forma é estudar o trecho a ser lido, com antecedência, recorrendo a outras obras, podendo, assim, fazer comentários de mais valia para o aproveitamento geral.

41. O que se deve fazer quando não se chega a um consenso sobre o trecho exposto em *O Evangelho Segundo o Espiritismo*?

Resposta: Devemos retomar na semana seguinte, tendo sempre uma pessoa destacada para pesquisar, de forma a esclarecer as dúvidas.

42. Quando lemos o trecho e não entendemos bem, podemos ler novamente?

Resposta: Devemos ler quantas vezes forem necessárias até entendermos. Podemos também pedir ajuda a outras pessoas mais experientes e ainda estudarmos com antecedência recorrendo a outras obras.

43. Realizamos o Evangelho no Lar, mas não sabemos como comentar. O que devemos fazer?

Resposta: Comentar é cada um dar a sua opinião daquilo que foi lido. Mentalmente podemos solicitar a inspiração do Plano Maior e, depois de alguns minutos de meditação, devemos fazer o nosso comentário naturalmente. Assim agindo, com o tempo, vamos rompendo os bloqueios naturais que todos possuímos.

44. Quando as pessoas moram sozinhas e são analfabetas, como é o caso de algumas pessoas que conhecemos, como poderiam fazer o estudo do Evangelho no Lar?

Resposta: Uma das opções é ouvir a Rede Boa Nova de Rádio[1] semanalmente, na qual é apresentado o Evangelho no Lar. Caso não seja possível, eles deverão fazer uma Prece/Vibrações (em favor dos que sofrem e em benefício de seu próprio lar) e uma Prece de agradecimento.

45. Estou grávida. Ao realizarmos o Evangelho no Lar, meu futuro filho também recebe auxílio espiritual?

---

[1] Rádio Boa Nova – 1450 AM, com alcance em toda a Grande São Paulo, e a Rádio Boa Nova – 1080 AM. abrangendo Sorocaba e parte da região sudoeste do Estado de São Paulo. Além disso, pode ser sintonizada pela internet www.radioboanova.com.br

Resposta: Durante a realização do estudo do Evangelho no Lar, todos são beneficiados, o ambiente harmonizado e o Espírito, que já está presente, já vai se adaptando ao novo lar e aos pais para uma nova existência.

46. Meu filho está preso na Casa de Detenção. No dia da visita posso realizar o Evangelho na prisão com ele?

Resposta: Sim, desde que ele aceite. Poderá ler um trecho de *O Evangelho Segundo o Espiritismo*, fazer a prece e as vibrações nos quais todos receberão, naquele momento, a ajuda dos Espíritos.

47. Pode-se realizar o Evangelho no Lar quando em viagem de férias?

Resposta: Sim. Lar não é só a nossa casa, mas, sim, onde nós nos encontramos. Pode ser num quarto de hotel ou na casa de algum parente nosso onde eventualmente estivermos hospedados. Não importa o local. O importante é estudarmos o Evangelho.

48. Quando viajamos não realizamos o Evangelho no Lar. Isso é errado ou devemos realizar de qualquer forma?

Resposta: Mesmo em viagem, podemos nos organizar de forma a realizar o estudo do Evangelho.

Depende muito do tipo de viagem. Se impossível, ficará suspenso temporariamente.

49. Faço Evangelho no Lar e na hora das vibrações envolvo meu local de trabalho também. Posso fazer o Evangelho no meu ambiente de trabalho, convidando meus colegas?

Resposta: Recomenda-se que o estudo do Evangelho seja feito no nosso lar, reunindo familiares. Se no ambiente de trabalho há possibilidade de ler o Evangelho nada impede. Porém, essa prática não substitui a reunião familiar. Que todos possam levar esse estudo aos seus familiares. Podemos vibrar para o local de trabalho de todos os familiares, sempre de forma abrangente e sucinta. É aconselhável ler *O Evangelho Segundo o Espiritismo* no local de trabalho individualmente.

50. Já realizo o Evangelho há 3 meses e nada mudou na minha vida. Será que estou fazendo certo?

Resposta: Nada mudará se nós não operarmos transformações na nossa maneira de ser. A maior parte dos nossos problemas têm origem em nós mesmos. Por meio do estudo, vamos ampliando nossos conhecimentos, fazendo reflexões, ponderações e compreendendo gradativamente as razões dos nossos sofrimentos, angústias e aflições.

51. Estou desempregado e meu casamento não vai muito bem. Realizando o Evangelho no Lar receberei ajuda para superar esses problemas?

Resposta: Sim, a ajuda nunca nos será negada. No entanto, muitas vezes, nós mesmos não nos ajudamos. Se temos problemas, é necessário investigarmos suas causas, ter paciência, tolerância, dialogar, estar receptivo e disposto a efetuar em si mesmo as mudanças de comportamento, conduta, modo de agir e pensar. O Evangelho sempre nos dará força, coragem e pelo próprio esforço poderemos solucionar e superar os problemas de acordo com o nosso merecimento.

52. Estou prestes a realizar um grande negócio. O Evangelho no Lar vai me ajudar a tomar uma boa atitude?

Resposta: O estudo do Evangelho no Lar beneficia-nos em todos os aspectos, porém assuntos materiais devem ser decididos com bom senso, critério e, acima de tudo, com o uso da razão. Evidente que quando estamos serenos raciocinamos com mais tranquilidade e com maior discernimento.

53. Dizem que o Evangelho no Lar ajuda muito nos problemas. Como entender isso?

Resposta: O estudo dos ensinamentos de Jesus deve nos conduzir às mudanças de comportamento, conduta e atitudes. Os problemas da vida material são consequências dos nossos atos irrefletidos, transgressões às leis divinas e humanas. A leitura do Evangelho nos esclarece muito bem tais situações.

54. O fato de realizarmos o Evangelho no Lar vai resolver nossos problemas do dia a dia?

Resposta: O estudo do Evangelho no Lar servirá como uma bússola para nós. Orientando-nos como agir no nosso dia a dia sem transgredir a Lei Divina ou nos esclarecendo em que estamos transgredindo e como agir da melhor forma possível.

55. A prática do Evangelho no Lar poderá, algum dia, trazer paz e harmonia entre as nações?

Resposta: Não é só fazer o Evangelho no Lar, mas, sim, assimilarmos e vivermos os ensinamentos de Jesus. De outro modo, se todos os lares do planeta vivenciarem o Evangelho, evidentemente haverá harmonia desde os lares até as nações e o planeta.

II – Participantes do Evangelho no Lar

56. Para se fazer o Evangelho no Lar, qual o número máximo de participantes? Existe um número mínimo de participantes?

Resposta: Não há número ideal. O melhor sempre será reunirmos o maior número possível de componentes da família. O número mínimo será relativo à quantidade dos que querem realizar o Evangelho, podendo ser apenas um.

57. A prece inicial, as vibrações e a prece final podem ser realizadas por seus participantes semanalmente, ou tem de ser uma pessoa predeterminada?

Resposta: Deve ser em forma de revezamento para que todos tenham a oportunidade de participar.

58. Deve ser obrigatório o revezamento dos participantes?

Resposta: Obrigatoriedade, não. Com o tempo todos poderão participar de todas as etapas do estudo do Evangelho.

59. Se uma pessoa fizer os estudos do Evangelho no Lar sozinha, é necessário que se leia e comente em voz alta?

Resposta: Preferencialmente, pois neste momento os Espíritos que nos visitam serão beneficiados pelo ambiente que o Evangelho proporciona e também estaremos atentos aos ensinamentos contidos no Evangelho (ver questão 18).

60. É admissível discutir quando os entendimentos foram diferentes?

Resposta: Depende do significado a ser dado a essa palavra: discutir. Se for no sentido de desentendimento, isso deverá ser evitado. Devemos estudar e não discutir. Buscar ajuda, consultar obras auxiliares e voltar a examinar o trecho na semana seguinte. Muitas vezes, passados alguns dias, entenderemos melhor a questão.

61. Quando um dos participantes tiver mais conhecimento do que os demais, deve-se permitir que a sua interpretação prevaleça?

Resposta: Uma reunião de estudo familiar deve ser fraterna e harmoniosa. Caso contrário perde a finalidade. Por isso, o estudo deve conduzir-nos a um consenso.

62. É uma atitude positiva, quando o participante mais equilibrado e de reconhecida bagagem intelectual é solicitado a dar sua interpretação sobre algo de difícil compreensão e que poderá influir nos demais?

Resposta: Todos devemos estudar e opinar, procurando outras informações em outras obras. Todas as opiniões são importantes. Quando encontrarmos dificuldades em determinadas matérias, devemos retomar o estudo tantas vezes quantas forem necessárias, até que nossas dúvidas sejam totalmente esclarecidas.

63. Quando os participantes forem de religiões diferentes e consequentemente as interpretações também, como chegar a um consenso?

Resposta: O estudo do Evangelho no Lar deve reunir familiares que aceitam a Doutrina Espírita. Não é uma reunião de estudos religiosos.

64. Quando um dos participantes é mais extrovertido e mais falante, o que se deve fazer, sem melindrá-lo, para dar oportunidade igual aos demais participantes?

Resposta: A pessoa que coordena a reunião deve

estabelecer um tempo para as manifestações de cada um.

65. Quando um dos participantes for introvertido e não quiser dar sua interpretação?

Resposta: Deverá ser respeitado. Não devemos impor nem deixá-lo constrangido.

66. O que fazer quando um dos participantes não quer falar por ter dificuldade para se expressar?

Resposta: Devemos procurar incentivá-lo, orientando sempre com muito carinho.

67. O que fazer quando uma pessoa acha importante o Evangelho no Lar, mas não aceita se comprometer em participar de todas as reuniões?

Resposta: Os demais participantes continuarão normalmente.

68. Quando todos da família querem, mas o que fazer se o "chefe" não permite que se realize a reunião?

Resposta: Se em uma família existe um "chefe", ele deve ser convidado pelos demais membros para um diálogo no qual será detalhado o objetivo da reunião de estudo do Evangelho no Lar. Se persistir o impedimento, as pessoas deverão se reunir em um cômodo da casa, onde ele não seja incomodado ou, até mesmo, fazer o estudo do Evangelho individualmente.

69. Eu tenho dois casamentos. Posso trazer os meus filhos do primeiro casamento para realizar e participar do Evangelho no Lar?

Resposta: Sim, desde que eles aceitem participar do estudo e isso não gere constrangimento.

70. Eu posso levar uma amiga para participar do Evangelho no Lar em minha casa?

Resposta: Sim, com a intenção de ensiná-la e, assim que aprender, ela deverá realizá-lo na casa dela sem a sua ajuda.

71. Os animais domésticos podem permanecer no ambiente no qual as pessoas que fazem o Evangelho no Lar?

Resposta: Os animais domésticos que não atrapalham o estudo do Evangelho no Lar poderão ficar no local. Caso contrário, devem ser levados para outro compartimento da casa.

72. Podemos colocar a roupa de um familiar ou de um amigo enfermo na mesa na hora do Evangelho no Lar para ser fluidificada ou abençoada?

Resposta: Tal procedimento está em desacordo com

os preceitos da Doutrina Espírita, que não alimenta superstições, cerimônias, adorações e outros rituais. Vamos orar e vibrar para essa pessoa em sofrimento.

73. Na minha casa todos participam do Evangelho. Meu filho de vez em quando convida seu colega para participar. Ele pode continuar participando? Como proceder?

Resposta: Não há impedimentos. Trata-se de um convidado que poderá participar para aprender, fortalecer-se e depois dar continuidade no seu próprio lar.

74. Realizamos o Evangelho no Lar em casa há algum tempo e uma amiga da minha esposa de vez em quando participa, porque sua família é evangélica. Há algum problema?

Resposta: Se sua amiga já está participando há algum tempo, poderá realizar no seu lar, respeitando sua família na sua fé. Se os familiares não aceitarem, que ela faça sozinha nos seus aposentos.

75. Podemos invocar Espíritos para nos assistir?

Resposta: Não. A reunião do Evangelho no Lar é um estudo do Evangelho. O trabalho de orientação espiritual é realizado no Centro Espírita porque o ambiente do local está preparado e assistido pelo

Plano Espiritual. No lar, devemos fazer preces e vibrações de forma abrangente, sem referências nominais ou citações.

76. Podemos realizar o Evangelho com uma pessoa embriagada (exemplo: ex-esposo ou filho participando)?

Resposta: Não é o ideal, pois o aproveitamento estará parcialmente prejudicado, porém, com muito empenho, calma, paciência, tolerância, sempre haverá conquistas.

77. Tenho familiares que moram em outros estados e país, como realizar o estudo do Evangelho no Lar com eles?

Resposta: Por meio da Internet (vídeo conferência), poderão marcar a hora, o dia e juntos realizarão o estudo.

III - Participação de Crianças e Adolescentes

78. Os pais devem impor a presença dos filhos menores (crianças) quando a família estiver fazendo o Evangelho no Lar?

Resposta: Devem determinar quando elas ainda não são capazes de compreender. Da mesma forma que as levamos ao dentista, à escola etc. Quando a criança já consegue entender, explicar por que é importante a participação dela no estudo do Evangelho no Lar, influenciando-a.

79. Tenho um filho de 4 e outro de 6 anos de idade. Gostaria de saber se posso fazer a leitura do livro *O Evangelho da Meninada* ou tem de ser *O Evangelho Segundo o Espiritismo*?

Resposta: Pode. Não só esse livro, como outros da literatura infantojuvenil, que são obras que trazem os ensinamentos de Jesus de uma forma mais adequada para eles[2].

80. Tenho sobrinhas de 3, 5 e 7 anos de idade que participam do Evangelho no Lar após chegarem do colégio e terem jantado. Durante o estudo da Doutrina Espírita, elas dormem ou ficam inquietas e a de 3 anos chora. Isso é válido?

Resposta: É natural que as crianças, após um dia de atividades, se sintam cansadas fisicamente e sem condições de participar de mais uma atividade que exija atenção. Devemos colocá-las para dormir e depois fazer o estudo do Evangelho no Lar ou fazer num horário em que elas não sintam esse cansaço físico.

81. Crianças desde tenra idade até 10, 12 anos devem participar do Evangelho no Lar?

Resposta: Sim, como também frequentar a Evangelização Infantojuvenil que há nos Centros Espíritas.

[2] A Mundo Maior Editora lançou o livro *O Evangelho Segundo o Espiritismo para a infância e juventude* – vol. I e II, cuja linguagem e abordagem é apropriada para crianças e adolencentes.

82. O que fazer quando há no lar duas ou mais crianças peraltas?

Resposta: Preparar um ambiente adequado para que elas possam se ocupar com brinquedos, desenhos etc.

83. Como responder a uma criança uma pergunta que não entendeu? De que forma ajudá-la a compreender os ensinamentos?

Resposta: Devemos buscar respostas corretas, mas simples e condizentes com a idade. Citar exemplos que possam ajudar no entendimento e habituá-la a leituras de livros espíritas infantojuvenis.

84. Sabemos que as crianças confiam muito nas opiniões dos pais, mas nem sempre tudo o que os pais dizem, por mais bem-intencionados que sejam, é absolutamente verdade ou adequado. Muitas vezes colocam opiniões pessoais. O que se deve fazer quando isso ocorre?

Resposta: Os pais devem opinar com responsabilidade e certeza do que estão expondo. Quando não se tem certeza, não se deve emitir conceitos errôneos. É sempre recomendável estudar o Evangelho, pois ele orienta-nos e adverte-nos com objetividade. Com o tempo e o desenvolvimento do discernimento da criança, ela terá condições de tirar suas próprias conclusões.

85. Quando no lar nem todos os filhos participam da mesma religião e, neste caso, os pais não gostariam de deixar o adolescente de lado, ele poderia participar da reunião do Evangelho falando da religião dele?

Resposta: Participarão do estudo do Evangelho no Lar os que concordarem, porque esta reunião não é de estudos religiosos. Se ele não quiser participar, deverá ser respeitado.

86. Sou viúvo. Faço o Evangelho no Lar com meu filho que é adolescente, mas na hora dos comentários ele não faz nenhuma colocação. Como devo fazer para estimulá-lo a participar e dar as suas opiniões?

Resposta: Os adolescentes, em geral, são tímidos, principalmente no trato das questões religiosas. A participação deve ser estimulada sempre, mas nunca imposta nem forçada. É aconselhável que se incorporem ao grupo de jovens, com estudos condizentes com sua idade. Convide seu filho para fazer a leitura ou as vibrações para ele adquirir mais conhecimento e aos poucos vencer a inibição.

87. Minha filha adolescente não quer mais realizar o Evangelho no Lar conosco. O que devo fazer para trazê-la novamente?

Resposta: Ninguém deve participar dos estudos do Evangelho no Lar sob pressão, contra a vontade. Sugere-se que o adolescente participe de um grupo de estudos condizente com sua idade. Os exemplos dos pais, ao mostrar compreensão, perseverança, amor, respeitando o livre-arbítrio dela, a despertarão para fazer o mesmo e viver melhor.

IV - Envolvimento durante o Evangelho no Lar

88. Quando faço o Evangelho no Lar começo a abrir a boca, ter muito sono e, às vezes, vontade de chorar. Será que se trata de influência espiritual?

Resposta: Quando se inicia o estudo do Evangelho no Lar, muitas pessoas ficam emocionadas e alegres com a união dos familiares. O sono e o bocejar podem ocorrer por cansaço físico ou por estarmos calmos e uma paz interior nos envolve provocando-os. Com o hábito de leitura e estudo, eles vão diminuindo. Se o incômodo persistir, é recomendado passar pelo Plantão de Orientação do Centro Espírita.

89. O que fazer para nos equilibrar quando sentimos a presença de algum Espírito no nosso lar no dia do Evangelho e estamos com medo?

Resposta: Buscar o recurso da prece e vibrações amorosas para o Espírito necessitado. O Plano Espiritual, por intermédio dos seus mensageiros, atuará para harmonizar o lar.

90. O que devemos fazer se, durante o transcorrer do Evangelho no Lar, algum participante for envolvido espiritualmente?

Resposta: Agir com calma, chamando-o pelo nome, convidando-o a abrir os olhos e pedir ao Espírito que se afaste, devendo aguardar oportunidade e ambiente adequado para manifestar-se.

91. A reunião do Evangelho no Lar atrai espíritos sofredores?

Resposta: Não. Porém, espíritos necessitados encontram-se em todos os locais.

92. A assepsia, os resíduos maléficos que são removidos do lar e adjacências são devidos ao Evangelho no Lar que realizamos?

Resposta: Não só pelo estudo do Evangelho no Lar, mas pela mudança do comportamento, conduta, modo de agir e pensar dos componentes da família.

93. Nas reuniões do Evangelho no Lar poderá ocorrer a presença de Espíritos curadores (médicos,

por exemplo) desejosos em auxiliar os participantes doentes?

Resposta: Nada impede que, em uma reunião de estudos, Espíritos superiores estejam presentes. Porém, não devemos desvirtuar os objetivos propostos. O benefício do Plano Espiritual superior depende dos desígnios de Deus e do merecimento de cada um.

94. Podemos aplicar passes ou dar oportunidade para que um amigo espiritual possa dar a sua mensagem durante o Evangelho no Lar?

Resposta: Não. Passes e manifestações espirituais somente em locais preparados para isso (Centro Espírita).

95. Meu vizinho ficou "tomado" por um espírito. Chamaram-me para acalmá-lo e lá realizei o Evangelho no Lar. Fiz certo?

Resposta: Em se tratando de situação emergencial, nenhum impedimento. Em casos semelhantes, faça uma prece do seu lar, vibre por ele e, após a crise, oriente a família a procurar o Plantão de Orientação no Centro Espírita.

V - Vibrações

96. Ainda não entendi o que são vibrações?

Resposta: Vibração é a emissão de energia pelo pensamento. São energias salutares, desejos sinceros de benefícios. É uma forma de ajudar os nossos semelhantes necessitados.

97. Na hora das vibrações posso vibrar para um ente querido recém-desencarnado?

Resposta: Claro que pode vibrar. Todavia, procure fazer essas vibrações de forma tranquila, equilibrada, sempre lembrando que a vida continua no Mundo da Verdade para que ele possa receber auxílio do Plano Espiritual que, no momento, está necessitando para o seu refazimento.

98. Quando fazemos nossas vibrações pela

solução de determinado problema de outra pessoa que não tem a mesma fé que temos, ela receberá nossas vibrações ou isso dificultará o benefício das vibrações?

Resposta: Se ela estiver em condições de receber ajuda, sentirá as nossas vibrações, independente de sua crença religiosa. Caso contrário, a energia do nosso pensamento voltará para nós. Por isso, devemos nos preocupar com nossos pensamentos e sentimentos. Se a outra pessoa está receptiva ou não, já não é da nossa responsabilidade. Façamos a nossa parte.

99. Quando faço a reunião do Evangelho em minha casa, nas minhas vibrações sinto-me flutuando ou não estando naquele determinado local onde estou sentada ou acomodada. Isso, às vezes, chega a me assustar. Gostaria de saber se é normal ou é alguma coisa que estou fazendo de errado?

Resposta: O que você descreve não é normal. Quando vibramos é a energia do nosso pensamento que se desloca e não o nosso Espírito. Devemos buscar a educação e o equilíbrio para que isso não ocorra.

100. Quando faço as vibrações posso pensar nos desencarnados?

Resposta: Sim. É muito importante que nos lembremos não só dos nossos parentes, mas também daqueles que desencarnaram por morte violenta, suicídio. Que eles possam receber a paz!

101. Qual é o número mínimo e máximo de vibrações que posso fazer no estudo do Evangelho no Lar?

Resposta: O importante não é o número de vibrações, mas a qualidade vibratória com muito amor, todos unidos com muito sentimento neste instante. Não deverão ser muito prolongadas para que não se alongue o horário do Evangelho.

Índice Remissivo

BIBLIOGRAFIA

Xavier, Francisco Cândido/Emmanuel – *Jesus no Lar* – FEB

Xavier, Francisco Cândido/Emmanuel – *Nosso Lar* – LAKE

Compri, Maria Tonietti – *Evangelho no Lar – à luz do espiritismo* – FEESP

Franco, Divaldo Pereira/Joanna de Ângelis – *S.O.S Família* – Ed. LEAL

Franco, Divaldo Pereira/Joanna de Ângelis – *Constelação Familiar* – Ed. LEAL

Xavier, Francisco Cândido/André Luiz – *Nosso Lar* – FEB

Xavier, Francisco Cândido/Emmanuel – *O Consolador* – FEB

Franco, Divaldo Pereira/Joanna de Ângelis – *Alerta* – Ed. LEAL

Kardec, Allan – *O Evangelho Segundo o Espiritismo* – Mundo Maior Editora

Kardec, Allan – *O Livro dos Espíritos* – Mundo Maior Editora

Nagareth, Joamar Zandini – *Um desafio chamado Família* – Minas Editora

CENTRO ESPÍRITA NOSSO LAR CASAS ANDRÉ LUIZ

Em 28 de janeiro de 1949 nasceu o Centro Espírita Nosso Lar, na casa de João Castardelli, onde morou o idealizador desta obra.

Desencarnou jovem, vítima de séria doença e a família intensificou os estudos da Doutrina Espírita e seu irmão, Paulo Castardelli, oficializou os encontros, fundando o Centro.

Foi criado o primeiro Estatuto da Instituição, cuja finalidade é promover a caridade espiritual e material, sem qualquer distinção de crença religiosa, nacionalidade, cor, sexo ou faixa etária. As diretrizes da Instituição são consequências do estudo e prática da Doutrina Espírita.

O trabalho assistencial do Centro foi direcionado no primeiro momento às crianças órfãs e após uma mensagem espiritual, enfatizou-se o cuidado às crianças portadoras de deficiência física e mental.

Em 26 de janeiro de 1958 é inaugurada a Casa da Criança André Luiz em Vila Galvão, Guarulhos. Após quatro anos a personalidade jurídica da Entidade muda para C.E.N.L.C.A.L – Centro Espírita Nosso Lar Casas André Luiz e hoje o atendimento às crianças portadoras de deficiência física e mental são atendidas nos Ambulatórios: Vl. Galvão e na Unidade de Longa Permanência, no bairro de Picanço, na cidade de Guarulhos.

Hoje o que consideramos o Complexo André Luiz, abrange as:

U.D. Santana – Rua Duarte de Azevedo, 691 – São Paulo
Tel.: (11) 2973-6579

U.D. Vl. Galvão – Rua Vicente Melro, 878 – Guarulhos
Tel.: (11) 2452-5976

U.D. Vl. Gustavo – Rua José Osvaldo, 515 – São Paulo
Tel.: (11) 2201-3175

U.D. Unidade de Longa Permanencia (U.L.P)
Av. André Luiz, 723 – Picanço – Guarulhos
Tel.: (11) 2457-7733

Mercatudo – Doar faz bem,
mas em bom estado faz bem mais.
Tel.: (11) 4959-7000

www.nossolar.org.br

FEAL – Fundação Espírita André Luiz

Rádio Boa Nova – Tel.: (11) 2457-7000

Mundo Maior Editora e Distribuidora
Tel.: (11) 4964-4700

TV Mundo Maior/Mundo Maior Filmes
Tel.: (11) 2086-4360

Clube Amigos da Boa Nova – Tel.: 0800121838

www.feal.com.br

Curta no Facebook
Mundo Maior

Siga-nos
@edmundomaior

WordPress
Acesse nosso Blog:
www.editoramundomaior.wordpress.com